# UNE

# PROPHÉTIE

OU

## L'AVENIR DE LA FRANCE

SELON JOSEPH DE MAISTRE

PAR

## LE MARQUIS D'AURAY

PARIS

ADOLPHE JOSSE, ÉDITEUR

31, RUE DE SÈVRES, 31

—

# UNE
# PROPHÉTIE

OU

## L'AVENIR DE LA FRANCE

F. AUREAU — IMPRIMERIE DE LAGNY

# UNE

# PROPHÉTIE

## OU

## L'AVENIR DE LA FRANCE

SELON JOSEPH DE MAISTRE

PAR

## LE MARQUIS D'AURAY

PARIS

ADOLPHE JOSSE, ÉDITEUR

31, RUE DE SÈVRES, 31

—

# UNE
# PROPHÉTIE

OU

## L'AVENIR DE LA FRANCE

---

## I

Si, dans les circonstances présentes, nous avions à formuler le devoir de tout homme de cœur et de foi, sincèrement jaloux de la gloire de Dieu et du salut social, nous le résumerions en deux mots : *Lutter à outrance, tenir jusqu'à la mort.*

Est-ce à dire qu'il nous semble entrevoir une heure sinistre, où la France immolerait, une fois encore, avec une rage impie, les derniers gardiens de sa dignité et de son honneur?

Est-ce à dire que la folie du suicide doive mettre le

comble aux plus étranges extravagances et, qu'à un jour prochain, un immense effondrement puisse être le prélude du *finis Galliæ*, annoncé par les prophètes de malheur ?

Nullement. Les bruyants avantages des fils de la terre touchent à leur terme ; ils dépensent le reste de leurs forces à prétendre réaliser l'impossible, et d'une inévitable confusion émergera bientôt le triomphe nécessaire de la vérité sociale, dont la Providence elle-même a fait l'inamissible apanage du patriotisme chrétien.

Le patriotisme est, en effet, de Dieu ; il est une religion ; il a sa foi, il a ses espérances, et, si elles ne sont pas immortelles, comme espérances chrétiennes, elles ne peuvent pas moins se déduire, avec autorité, des faits, des événements dans lesquels se manifestent la sagesse et la volonté divines, et de ce que nous appellerons, avec un souverain respect, la logique providentielle.

Il n'y a rien de nouveau sous le soleil, c'est-à-dire que les mêmes causes produisent les mêmes effets, et que les mêmes effets dérivent des mêmes causes, c'est-à-dire que l'histoire est comme le livre de la justice de Dieu appliquée aux peuples, et que cette justice infinie nous permet ainsi de surprendre le secret de ses sévérités et de ses miséricordes.

Aussi bien y a-t-il une science morale et politique qui permet au chrétien de parcourir, avec profit, les sentiers tracés par ses pères, d'élever librement sa pensée au-dessus des méprises de la vanité et des vulgaires audaces de l'orgueil, pour devancer la marche des événements, et de chercher, dans l'avenir, de fortifiantes consolations, avec un double sentiment de confiance et d'amour.

Aussi bien est-il expédient d'encourager et de solliciter ces salutaires espérances, quand la force brutale devient accablante et que les étreintes de la société satanique laissent à peine aux poitrines oppressées la place de se soulever et de se dilater.

Que sommes-nous, cependant, pour oser déchirer, même avec un pieux respect, les voiles de l'avenir et pour faire entrevoir les radieux horizons que, dans son for intérieur, notre âme de chrétien et de Français, croit apercevoir par delà les jours de souffrance et d'épreuve, où la Révolution peut tout, ose tout et fait tout?

Nous ne sommes rien, c'est vrai; nous sommes peut-être même le plus indigne des chrétiens. Mais d'autres ont parlé avant nous, d'autres à qui Dieu a fait de grandes faveurs et que la foi a élevés au-dessus des altitudes communes à l'humanité.

Et qui donc ne nous prêtera pas une oreille attentive,

quand nous invoquerons le témoignage du plus grand penseur des temps modernes, et que nous nous effacerons tout entier pour faire place au comte Joseph de Maistre?

Quelques citations empruntées à l'homme qui a porté sur la Révolution le jugement le plus sûr et le plus exact, leur confirmation par quelques traits d'histoire contemporaine suffiront à nous fournir une page de philosophie chrétienne plus éloquente que bien des livres. Nous donnerons la parole à l'homme, puis aux événements et, après cela, chacun pourra savoir par lui-même s'il est téméraire de distinguer quelque chose à travers les obscurités du présent, et de traduire, avec les allures d'une prévision légitime, les dernières conséquences d'un état social trop semblable à celui dont le philosophe chrétien mesura si parfaitement l'effet, le terme et l'issue fatale.

## II

C'était en 1797, la Révolution avait fait main basse sur toutes les institutions; tout avait été déchiré et broyé par l'infernale puissance. La Révolution n'avait su faire autre chose que de détruire, et cependant elle osait encore prétendre à l'honneur de fonder la République sur les ruines accumulées, et d'apprendre à une humanité nouvelle à remplacer Dieu par la Raison, et toute autorité légitime par le bon plaisir des passions et des appétits.

C'était folie, dira-t-on; n'importe, la folie était souveraine; sa toute-puissance était sans bornes, et personne ne voyait quand et comment cela pourrait finir.

Bien qu'étranger par la naissance, Joseph de Maistre était tout Français par le cœur, et il suivait, avec une amère sollicitude, les convulsions non interrompues qui marquaient, pour ainsi dire, les heures d'agonie de notre France. Il avait analysé l'origine, la marche, les progrès du philosophisme ; il n'avait vu dans tous les vertiges de cette époque qu'un immense effort de l'orgueil humain révolté. Il avait considéré, avec une tristesse infinie, l'effondrement du vieil édifice, entraînant dans sa chute tout l'équilibre européen, et il ne voyait rien, dans le travail fiévreux et désordonné des hommes de la Révolution, qui pût ressembler à un établissement, à un abri pour les générations.

. Alors le comte de Maistre ne se consumait pas en regrets et en douleurs, mais il se demandait résolument quel serait le terme de ces superbes triomphes de l'athéisme social, et il parlait de l'avenir comme un homme qui, à travers les troubles de l'atmosphère, reconnaît, dans le lointain, les courbes majestueuses de l'horizon, dont l'œil perce les nuages pour découvrir un ciel d'azur, et il s'écriait, avec le ton et la puissance d'un véritable prophète :

« Le philosophisme n'a donc pas à se plaindre.
» Toutes les chances humaines ont été en sa faveur.
» On a tout fait pour lui et tout contre sa rivale. S'il

» est vainqueur, il ne dira pas, comme César : *Je*
» *suis venu, j'ai vu, j'ai vaincu;* mais enfin il aura
» vaincu; il peut battre des mains et s'asseoir fière-
» ment sur une croix renversée. Mais si le chris-
» tianisme sort de cette terrible épreuve, plus jeune
» et plus vigoureux; si l'*Hercule chrétien*, fort de sa
» seule force, soulève ce *fils de la terre* et l'étouffe
» dans ses bras (*potens Deus*), Français, faites place
» au roi très chrétien, portez-le vous-mêmes sur son
» trône antique, relevez son oriflamme, et que son
» or, voyageant d'un pôle à l'autre, porte partout
» la devise triomphale : *Le Christ commande, il règne,*
» *il est vainqueur.* »

Le comte de Maistre ne posait l'hypothèse que parce
qu'elle était résolue dans son esprit; ce qu'il voyait,
c'était le rajeunissement du christianisme; ce qu'il en
attendait, c'était le retour à la tradition monarchique.
De l'alliance renouvelée de ces deux forces sociales,
il concluait aux longs rayonnements que la France
avait encore à exercer sur la civilisation moderne, et,
comme le premier chrétien du temps nouveau, il
saluait les nouvelles victoires du Christ Roi.

Plus, en effet, il considérait la Révolution dans ses
violences, dans ses anarchies, dans ses négations,
moins il admettait qu'elle pût longtemps vivre du
génie destructeur qui l'animait. Plus aussi la dé-

chéance de notre belle patrie était profonde et inces-
sante, plus il croyait au châtiment mérité, à l'expiation, à la justice, finalement à la miséricorde, qui
mesure le pardon aux repentirs et ne compte jamais
avec les enfants prodigues; et il formulait ainsi ce
double sentiment de l'impossibilité révolutionnaire et
de la nécessité d'une réconciliation nationale et chrétienne :

« Dans la Révolution française, le peuple a été
» constamment enchaîné, outragé, ruiné, mutilé par
» les factions, et les factions, à leur tour, jouet les
» unes des autres, ont constamment dérivé, malgré
» leurs efforts, pour se briser contre l'obstacle qui
» les attendait. »

« Que si l'on veut savoir le résultat probable de la
» Révolution, il suffit d'examiner en quoi toutes les
» factions se sont réunies. Toutes ont voulu l'avilis-
» sement, la destruction même du christianisme uni-
» versel et de la monarchie, *d'où il suit que tous*
» *leurs efforts n'aboutirent qu'à l'exaltation du christia-*
» *nisme et de la monarchie.* »

Pour parler de la sorte, il fallait connaître l'histoire
du monde et avoir appris, dans une méditation re-
cueillie de toutes les vicissitudes de l'humanité, comment tous les accidents, toutes les catastrophes, tous
les cataclysmes ne sont rien de plus que des disso-

nances relatives concourant, malgré les insolences
sataniques, au triomphe de cette sublime harmonie
qui est en Dieu, et à l'exaltation nécessaire de la
Toute-Puissance éternelle.

« Croit-on, par hasard, ajoutait le comte de Maistre,
» avec une véhémence où débordaient toutes les
» ardeurs de sa foi et de ses espérances, croit-on que
» le bras qui se servit jadis d'un si faible instru-
» ment (Jeanne d'Arc) soit raccourci et que le su-
» prême ordonnateur de l'univers prenne l'avis des
» Français pour leur donner un roi? Non, il choisira
» ce qu'il y a de plus faible pour confondre ce qu'il
» y a de plus fort.... Quand le moment sera venu,
» il rétablira la monarchie, malgré ses ennemis; il
» chassera ces insectes bruyants ; *le roi viendra, verra,*
» *vaincra.* »

C'était au plus fort de la tourmente, en face de la
puissance incontestée du génie révolutionnaire, que
le comte de Maistre tenait ce fier et beau langage.
Il ne se laissait pas troubler par toutes les victoires de
l'échafaud, faisant et supprimant tour à tour un vainqueur impossible. Rien ne l'empêchait d'avoir les
yeux attachés à un point fixe et d'y trouver, dans un
anéantissement final de l'orgueil des sectaires, dans
l'effondrement de leurs criminelles entreprises, une
résultante diamétralement opposée au but qu'ils ne

cessaient de poursuivre. C'était dans la contemplation de la Providence qu'il s'abîmait tout entier pour annoncer cette suprême intervention, qui ramènerait la France dans les voies de la tradition et de l'honneur. Il voyait venir, à grande distance, les triomphes de la clémence divine et il adjurait la France de répondre librement à la grâce qui, des cieux, descendrait sur elle :

« O France! veux-tu te relever à tes yeux? Veux-tu
» faire acte de souveraine, et acquérir le droit de
» t'estimer? *Rappelle ton souverain.* »

Puis, sans pouvoir admettre les irrémédiables endurcissements des Français, il leur adressait cette sévère leçon qui ne fut que trop vérifiée par l'événement :

« Mais s'ils s'obstinent à repousser leur roi, savent-
» ils quel sera leur sort? Les Français sont assez
» mûris par le malheur pour entendre une vérité :
» c'est qu'au milieu de leur liberté fanatique, l'obser-
» vateur froid est souvent tenté de s'écrier comme
» Tibère : *O homines ad servitutem natos !* »

Enfin le comte de Maistre se faisait le répondant de la royauté restaurée et le garant de sa clémence. Il savait qu'un roi de naissance ne peut être qu'un père pour tous ses sujets, qu'il n'a *ni injure à venger ni fortune à refaire*, et il ouvrait, pour ainsi dire, ses deux bras à la France pour la recevoir éperdue et la jeter lui-même dans ceux du roi Bourbon.

« Le crime même et ses usurpations, disait-il,
» seront traités avec une sévérité mesurée qui n'ap-
» partient qu'au roi légitime. Le roi touchera les
» plaies de l'État d'une main timide et paternelle.
» Enfin, c'est ici la grande vérité dont les Français
» ne sauraient trop se pénétrer : *Le rétablissement de*
» *la Monarchie, qu'on appelle la contre-Révolution, ne*
» *sera pas une Révolution contraire, mais le contraire de*
» *la Révolution.* »

Parole aussi juste que profonde, toujours à méditer et toujours vraie. Qui nous rendra ces grandes choses qui s'appellent la religion, l'autorité, la hiérarchie, la justice, si ce n'est un suprême effort, prenant à revers toutes les doctrines et tous les actes de la Révolution ?

Ce qui se réalisa d'abord de ces voix prophétiques, sublimes éclairs de la plus haute raison, ce fut la menace de servitude qui n'avait été inspirée au comte de Maistre que par les orgies mêmes de la liberté. Le Césarisme vint à l'heure où la France eût dû produire un acte de résolution et de courage, mais où elle n'avait de courage que pour se résigner et de force que pour maudire la liberté. Elle attendait simplement un maître aux mains duquel elle pût remettre sa des-

tinée et qui ne lui laissât plus que la peine d'obéir.
Le maître fut Bonaparte, avec sa fortune, son génie,
ses emportements, ses folies, et les débordements de
l'autorité succédèrent aux débordements de la liberté,
et la Royauté, sans se laisser troubler, attendait, dans
l'exil, les lassitudes nouvelles de la France et les
inévitables infidélités de la victoire.

Il vint enfin le jour que le philosophe chrétien
avait entrevu dans les lointaines perspectives de
l'avenir; mais si l'invasion recula devant la royauté,
la Révolution ne fit que s'effacer, pour bientôt ren-
trer dans la place.

Au lieu de rompre avec elle et d'obéir, sans con-
trainte, au sentiment populaire, les politiques voulu-
rent s'en parer et lui faire les honneurs de la bonne
compagnie; mais, loin de l'asservir, ils ne firent que
lui imposer un travestissement. Ce fut l'heure où le
libéralisme accapara la puissance et s'attacha, comme
une lèpre, à l'institution monarchique.

Or, le comte de Maistre qui savait, par principe
autant que par expérience, que la Révolution cor-
rompt et décompose tout ce qu'elle touche, regar-
dait tristement cet étrange réveil et se désolait des
compromissions qui, dès le premier jour, avaient marqué la Restauration au coin d'une caducité fatale.

Dès l'année 1817, il voyait venir une nouvelle catastrophe, et, cette fois, c'était par voie diplomatique qu'il exprimait ses inquiétudes :

« On se tromperait infiniment, écrivait-il à la cour
» de Sardaigne, si l'on croyait que Louis XVIII est
» remonté sur le trône de ses ancêtres. Il est seule-
» ment remonté sur celui de Bonaparte, et c'est déjà
» un grand bonheur pour l'humanité : mais *nous*
» *sommes bien loin du repos.* »

Quelques années plus tard, il constatait, avec une vivacité moins contenue, le trouble des esprits et l'espèce de vertige qui acheminait la France vers la révolte, et la Royauté vers l'abîme, et il faisait acte de grand courage pour avertir du danger :

« Rien n'est changé, osait-il dire, moins de cinq
» ans après le jour où le peuple avait reçu le Roi
» avec des transports d'ivresse, rien n'est changé.
» Seulement la Révolution est devenue royale. Autre-
» fois les têtes tombaient, maintenant elles tournent. »

On sait le reste : il a fallu quinze ans au libéralisme pour venir à bout du droit monarchique. Un libéralisme plus échevelé a détruit, à son tour, l'œuvre de 1830 et livré la France à l'anarchie. — L'anarchie, une fois encore, a été vaincue par le Césarisme. — Le Césarisme, vaincu par lui-même, est devenu un jour la proie de l'émeute.

Enfin la réaction, victorieuse de l'anarchie, n'a

point eu le courage de relever ce trône et de replacer la France sous la loi de l'hérédité monarchique. Pulvérisée par le libéralisme, elle a fini par rendre la place à l'anarchie, et cette fois sans coup férir.

Tel est le cycle que nous avons parcouru ; telle est la leçon que nous avons donnée au monde. Que pourrions-nous en conclure, sinon que le terme extrême de la dernière intensité révolutionnaire ne saurait être que le triomphe de la force indestructible et immortelle contre laquelle elle se sera brisée ?

Cependant les désespoirs sont immenses, et l'autorité du grand penseur se perd dans une attente chagrine qui se lasse de compter les jours. Nous avons réponse pour ces désespérés.

### III

Il y a quatre-vingt-dix ans, dit-on, que le comte de Maistre a annoncé la fin de la Révolution, cependant la Révolution dure encore, et la voilà revenue à une nouvelle période de Jacobinisme.

Nous ne nierons pas le fait, et nous redirons même, avec une insistance qui pourra surprendre quelques-uns, que *jamais* la Révolution ne s'est dessaisie de la France depuis l'ère de 89, que la grande erreur de notre siècle consiste dans le crédit accordé au Césarisme et au libéralisme, dans une perversion du sens moral, qui a pris l'une ou l'autre hypocrisie révolutionnaire pour la fin de la Révolution.

Qui veut sauver la France doit savoir et se dire

que, depuis un siècle, la Révolution n'a fait autre chose que de changer de nom et de forme. Et voilà bien pourquoi aussi le comte de Maistre ne s'est pas trompé et n'a pas jeté dans nos âmes de chimériques espérances.

Le comte de Maistre a dit vrai, parce que, des sommets où il s'est élevé, c'est l'horizon de la vérité que son regard a embrassé, parce qu'il a lu, avec un souverain respect, dans un livre qui n'est pas l'ouvrage des hommes.

Il n'a pas préjugé de la miséricorde, parce qu'elle est certaine et inépuisable; il ne s'est pas mépris, non plus, sur le travail de la divine justice, parce que toujours elle opère, que son terme seul est inconnu et que les mystères de l'expiation sont aussi insondables qu'ils sont puissants. En un mot, le comte de Maistre reste le grand voyant des temps modernes, et les clartés lumineuses, que sa parole a projetées sur l'avenir, sont vraiment les rayons du grand soleil de la Providence.

C'est en rendant, comme lui, un suprême hommage à la vérité chrétienne, c'est en reconnaissant la nécessité de son autorité dans le domaine social, que nous parviendrons à comprendre le temps et à retrouver, à travers toutes les vicissitudes, les traits irrécusables de l'action providentielle. Aussi l'en devrons-nous à cette science de reconquérir d'indomptables énergies qui, par le double travail de la foi et du repentir, feront de nous l'*Hercule chrétien*, destiné à soulever et à étouffer *les fils de la terre*.

Que dirait, en effet, Joseph de Maistre si, secouant la poussière du tombeau, il reparaissait au milieu des anarchies contemporaines, et retrouvait la France sous la domination des sectaires, réduite à se mépriser elle-même et plus humiliée qu'elle ne fut jamais ?

Il regarderait la scène, avec tristesse, mais sans découragement ; il constaterait, une fois encore, les impuissances radicales de la Révolution, il en verrait la preuve manifeste dans la division des factions, anéantissant l'autorité pour exercer le pouvoir, et ne sachant s'entendre que pour assaillir l'Église de tous les côtés, que pour dévaster les âmes, et ruiner les droits du peuple.

Alors il redirait simplement ce qu'il disait en 1797, et il le dirait avec une autorité nouvelle, ayant en sa possession trois facteurs, qui sont venus réaliser ses promesses ou ses espérances, et qui sont les signes des prochaines réparations.

A l'une des heures de ses plus étonnantes inspirations, le comte de Maistre avait écrit son livre sur la Papauté, et il y avait dit :

« Le Souverain Pontife et le sacerdoce français
» s'embrasseront, et, dans cet embrassement, ils
» étoufferont les maximes gallicanes. Alors le clergé
» français commencera une ère nouvelle et il recon-
» struira la France. »

Or, que s'est-il passé, depuis que cette étrange
parole avait tant étonné le gallicanisme, et reçu,
d'autre part, l'accueil le plus indifférent ?

Il s'est passé d'abord que l'auguste Pie IX a jeté
sur la Révolution un regard mêlé d'effroi et de cha-
rité, et que, s'adressant à l'univers catholique, il a
marqué du doigt et frappé des censures de l'Eglise
toutes les erreurs modernes sur la constitution des
sociétés et le rôle réservé à la religion du Christ-
Roi.

Puis il est arrivé que toute parole de doctrine et de
morale, prononcée par le Vicaire de Jésus-Christ, a
été solennellement proclamée infaillible par le concile
du Vatican, que désormais il n'y a plus qu'un pasteur
et qu'un troupeau, et que l'Église de France ne reven-
dique plus d'autre privilège que d'avoir la première
place dans le cœur désolé du Souverain Pontife.

La prophétie du philosophe chrétien s'est accom-
plie et, par une grâce du ciel, l'Eglise de Dieu est
devenue plus forte, plus inébranlable, à l'heure même
où les fils de la terre allaient se ruer contre elle et

lui livrer un assaut terrible. Quand tout tremble et s'effondre, l'Eglise rayonne dans l'impassibilité et reste le seul abri des consciences outragées et persécutées.

Un autre jour, qui restera une date mémorable, tant il contraste avec toute notre époque, un autre jour, le Roi, celui qui garde dans l'exil le dépôt des traditions et du principe héréditaire, a donné à méditer à la France, aux peuples et aux princes cette grave et fortifiante parole : *Personne n'obtiendra de moi que je devienne le roi légitime de la Révolution.*

Enfin il s'est formé, dans les terribles épreuves de la douleur et du combat, une armée de véritables chrétiens, qui portent fièrement la croix comme le signe unique de la victoire et du salut, qui s'inclinent, avec respect, devant toute parole venue du Père commun, et qui sont les fidèles tenants de la royauté sociale de Jésus-Christ.

Ainsi le gallicanisme a vécu ; ainsi il y a un Bourbon, gardé par la Providence, et roi par droit de naissance, qui ne veut pas être le roi de la Révolution ; ainsi, il y a, au sommet des classes dirigeantes, une force sociale reconstituée, une aristocratie faite de mérite, d'intelligence et de vertu, qui a le droit de se sentir capable de servir l'autorité et d'appliquer la réforme.

Que n'êtes-vous là, grand et illustre chrétien, pour

faire entendre une voix prophétique, qui glorifie tous ces signes de la prochaine réparation, qui réconforte ceux qui désespèrent, qui fasse trembler ceux qui outragent? Que n'êtes-vous là, pour venger l'honneur des saintes causes, pour saluer avant l'aurore, le soleil de justice, pour retracer, en traits de flammes, les agonies de la Révolution?

Et que diriez-vous, Joseph de Maistre, en face d'un plus éclatant témoignage des divines prédilections, devant ce mont des martyrs, couronné par l'*Œuvre du vœu national,* devant ces colonnes qui s'élancent majestueusement vers le ciel, pour soutenir le temple de l'expiation nationale, pour accomplir, après deux siècles d'attente, les saints désirs de Marguerite-Marie et replacer la France *pénitente* au centre du cœur de Jésus crucifié ?

Une fois encore, que diriez-vous, si une résurrection soudaine vous faisait prendre place au milieu de ces luttes ardentes de la Révolution et de la foi chrétienne, de cette magnifique conjuration qui ne put jamais vous consoler, même aux heures les plus heureuses de votre vie ; au centre de ces vaillantes milices qui constituent la garde d'honneur du Sacré-Cœur et qui, pour défier toutes les apostasies, ont fait choix de ces sommets d'où les premiers chrétiens avaient défié le paganisme?

Comme eux, vous graviriez la montagne des martyrs, puis vous inclineriez le front devant la merveille, devant ce miracle permanent, devant cet impérissable témoin de la foi d'un peuple, qui ne peut pas mourir et qui, aux jours de la tempête, se réfugie sous l'abri de la toute-puissante Miséricorde.

Et de là, embrassant un double horizon, l'un que l'œil mesure, l'autre que le génie chrétien seul peut parcourir, vous annonceriez le grand jour où la consécration publique de la France au Cœur très saint de Notre-Seigneur Jésus-Christ emportera la proclamation *des Droits de Dieu*, la restauration de l'ordre social chrétien, le relèvement de la France et marquera la fin de la Révolution, à l'heure où déjà se préparaient les folles orgies du premier centenaire de 89 et la glorification *des Droits de l'homme*.

*Exegi monumentum*, diriez-vous enfin, en remontant dans les splendeurs de votre éternité, pour retrouver les joies du ciel et connaître, dans la contemplation de l'Infini, ces joies nouvelles de la terre, au jour où il sera vrai que *le Christ commande, règne, est vainqueur! ! que le Roi est venu, a vu, a vaincu! ! !*

FIN

# JOIES ET DOULEURS

DE

# L'AME EXILÉE

PAR L'AUTEUR DE *ALLONS AU CIEL*

DEUXIÈME ÉDITION

OUVRAGE APPROUVÉ PAR PLUSIEURS ÉVÊQUES

**Volume in-18, édition de luxe, prix : 3 fr.**

Rien ne peut être mieux approprié à nos besoins que ces paraphrases brûlantes des cantiques de David ; rien n'est mieux fait pour ranimer la piété et consoler toutes les douleurs que ces prières touchantes et pleines d'onction, qui respirent la vérité, qui montrent si clairement la consolation intarissable cachée dans la croix et la force invincible contenue dans l'espérance chrétienne.

Les éminents prélats qui ont approuvé cet ouvrage sont unanimes à lui reconnaître une doctrine profonde et sûre, un style noble, joignant à la simplicité de l'Évangile la pureté et la beauté des grands maîtres, enfin toutes les qualités qui font un bon et beau livre de piété.

---

# OUVRONS LE CIEL

# A CEUX QUE NOUS PLEURONS

OU

LA VRAIE DÉVOTION AUX AMES DU PURGATOIRE

PAR LE MÊME AUTEUR

**Prix : 0.50 c.**

---

# LE TRÈS SAINT CŒUR DE MARIE

SON AMOUR, SES DOULEURS ET SES JOIES

Par le R. P. MODESTE, S. J.

Un volume in-12. — Prix : 3 fr. et, franco, 3 fr. 50

# LE TOUR DU MONDE

## EN 240 JOURS

### CANADA — ÉTATS-UNIS — JAPON — CHINE

### HINDOUSTAN

## Par ERNEST MICHEL

Docteur en Droit, Chevalier de Saint-Sylvestre
Membre de la Société de Géographie de Lyon et de Paris

**Deux beaux volumes in-12 de 330 et 362 pages, avec 38 gravures et un planisphère**

Se vend au profit du Patronage Saint-Pierre (Œuvre Don Bosco), au prix de 6 fr. les deux volumes et par la poste 7 fr.

Ce livre vient à son heure : il est la photographie exacte de ce qui se passe en ce moment de l'autre côté de l'Atlantique, aux Antipodes et dans l'extrême Orient.

L'auteur a fait au Canada, aux Etats-Unis, au Japon, en Chine et aux Indes, une rapide mais sérieuse enquête sur le commerce, l'industrie, l'agriculture, la législation, le gouvernement, les mœurs, l'instruction, la religion et les institutions de ces peuples divers, sans négliger la description des monuments et de la nature. Au moment où, par l'application de la vapeur et de l'électricité, les barrières tombent et les peuples se rapprochent en une seule famille, M. Michel a compris l'importance des voyages d'études, et il a voulu prouver, par l'exemple, qu'ils ne demandent ni trop de temps ni trop d'argent, et que les bourses modestes, comme les gens occupés, les hommes aussi bien que les dames, peuvent aisément les aborder.

L'ouvrage sort de l'imprimerie du Patronage Saint-Pierre (Œuvre Don Bosco), à Nice ; c'est le premier travail de ces jeunes imprimeurs orphelins et se vend à leur profit, en sorte qu'en l'achetant pour s'instruire, on fait une bonne œuvre.

(Extrait du *Bulletin Salésien*).

---

# BIOGRAPHIE DE DON BOSCO

## Par le Dr CHARLES D'ESPINEY

Un volume in-8°. — Prix : 2 fr. 50 et, *franco*, 2 fr. 80

# NOUVEAU MOIS DE MARIE

## OU

# MOIS DE MARIE

## DE LA PIÉTÉ PRATIQUE

### Par Mgr POSTEL

**Un volume in-12. — Prix : 2 fr. et, franco, 2 fr. 50**

Approuvé par Mgr l'Évêque de Nice

Ce nouveau *Mois de Marie* a été composé dans le but de rappeler aux fidèles, à l'école de la Très Sainte Vierge, les principaux devoirs de la vie chrétienne sérieuse, persévérante, effective.

Aux considérations de ce genre, qui forment la substance du livre, nous avons ajouté, chaque jour, un trait édifiant de nature à justifier et entretenir notre filiale confiance en Marie. En outre, pour la petite prière finale de chaque exercice, empruntée presque toujours aux écrits des saints, nous conduisons le lecteur dans un des plus célèbres sanctuaires du monde catholique, au pied de quelque image de la Reine des Anges illustrée par le concours des pèlerins et par les grâces qu'ils y ont obtenues.

Une *fleur spirituelle*, ou bonne pensée pratique, couronne également chaque chapitre.

On trouvera de plus, en tête de l'ouvrage, des *Prières pour la Sainte Messe* en rapport avec la dévotion du Mois de Marie.

(*Avertissement de l'auteur*).

---

# A JÉSUS EUCHARISTIE

## ADORATION, AMOUR ET RÉPARATION

### OU

## NOUVELLES VISITES AU SAINT-SACREMENT

### PAR LE R. P. MODESTE s. j.

*Ouvrage honoré de l'Approbation de Mgr LANGÉNIEUX, Archevêque de Reims*

**Deuxième édition. — 1 vol. in-32. Prix : 1 fr. 50, *franco*, 1 fr. 75**

Voici un petit volume qui sera reçu avec joie par les âmes pieuses, et qui fera leurs délices. Il contient de nouvelles visites au Saint-Sacrement pour chaque jour du mois. Chaque visite se compose d'un acte d'*Adora-*

*tion*, d'un acte d'*Amour*, d'un acte de *Réparation*, et de différentes invocations au divin Cœur de Jésus.

Ces visites sont suivies de deux exercices différents pour entendre la Sainte Messe, et de diverses prières au Sacré-Cœur de Jésus.

Monseigneur l'Archevêque de Reims le recommande aux fidèles, aux religieuses et aux membres du Clergé pour leurs visites quotidiennes au Saint-Sacrement.

---

# SAINTE THÉRÈSE

## SA DOCTRINE, SON ŒUVRE

SERMONS prêchés au Carmel de Londres, à l'occasion du troisième centenaire de la Sainte

### Par le R. P. MATIGNON, S. J.

Un volume in-12. — Prix : 75 centimes, *franco*, 90 centimes

---

# UNE ÉDUCATION DE NOS JOURS

Et Observations sur le **SYSTÈME D'ÉDUCATION**, préconisé par M. LEGOUVÉ, de l'Académie française

### Par le R. P. NOURY

DE LA COMPAGNIE DE JÉSUS

**Un volume in-12 : 1 fr. 50 et, franco, 1 fr. 80**

---

# COMMENT ON CROIT

## PAR LE MÊME

**Prix. . . . . . . . . . . . . : 30 centimes**

---

# HISTOIRE ANECDOTIQUE

ILLUSTRÉE

DE

# LA GUERRE DE 1870-71

## DU SIÈGE DE PARIS ET DE LA COMMUNE

### Par le Vicomte DE LA VAUSSERIE

Un volume in-4º orné de **110 GRAVURES**. Prix : **7 francs**

# LE BON ANGE

## DE LA

# PREMIÈRE COMMUNION

### Par M^gr POSTEL

**7ᵉ édition. — Un fort volume in-12. Prix : 4 francs.**

Nous n'avons plus à faire l'éloge de cet ouvrage, dont vingt-deux mille exemplaires ont été vendus en peu de temps : c'est le livre classique des Catéchistes et l'ouvrage le plus utile aux enfants qui se préparent à la première Communion.

---

# LE BON ANGE

## DE

# LA CONFIRMATION

### Par M^gr POSTEL

**2ᵉ édition. — Un volume in-18. Prix : 2 francs**

En France, on oublie trop l'importance de la Confirmation, aussi de nombreux Prélats ont-ils félicité Mgr POSTEL d'avoir donné une nouvelle édition de son excellent livre sur ce grand Sacrement qui est comme la consécration du solennel point de départ de la vie chrétienne, et ils recommandent vivement cet ouvrage aux parents, aux catéchistes et à tous ceux qui s'occupent d'éducation.

---

# ÉLÉVATIONS

# AU CŒUR DE JÉSUS

### Par le R. P. DOYOTTE

#### DE LA COMPAGNIE DE JÉSUS

Cinquième édition complètement revue par l'Auteur, imprimée avec le plus grand soin et ornée d'une nouvelle Photographie du Sacré-Cœur, et du drapeau des Zouaves pontificaux.

**1 volume in-32. — Prix : 1 fr. 75, *franco*, 2 fr.**

#### RELIURES VARIÉES

Les *Élévations au Cœur de Jésus*, par le P. Doyotte, de la Compagnie de Jésus, sont rapidement parvenues à leur cinquième édition. *L'Univers* avait prédit le succès de ce petit livre substantiel, simple, naturel, attachant et solide, et le P. Jandel, général de l'Ordre des Frères Prêcheurs avait écrit à l'auteur :

« J'ai lu votre livre avec l'intérêt qu'il mérite, et je puis même dire que vos élévations m'ont fourni plus d'une fois le sujet de ma méditation. Je crois que, par la solidité et l'élévation des sentiments et des pensées et par l'esprit de foi qu'on y respire, votre petit travail édifiera et portera des fruits parmi les âmes pieuses. »

---

# A LA MÊME LIBRAIRIE

**Allons au Ciel,** manuel de l'âme pieuse ; 4ᵉ édition, un vol., in-12 de XIII-623 pages, sur papier de Chine, en caractères elzéviriens.   4 50

**Les Enseignements de la divine sagesse dans l'Évangile et les Saintes-Écritures,** faisant suite à *Allons au Ciel,* ouvrage approuvé par Mgr le coadjuteur de Bordeaux et par plusieurs autres évêques. Un volume in-12 . . . . . . . . . . . . . . . . . .   4 »

**Joies et douleurs de l'âme exilée,** par l'auteur de « *Allons au Ciel.* » Deuxième édition. Ouvrage approuvé par plusieurs évêques. Un vol. in-18. Édition de luxe. . . . . . . . . . . . . . . .   3 »

**Actes de la captivité et de la mort des R. P. Jésuites** fusillés sous la Commune, par le P. de Ponlevoy, S. J. Un volume grand in-8° jésus, orné de cinq portraits. . . . . . . . . .   12 »

**Bibliothèque des Prédicateurs du P. Houdry (la),** S. J., complètement revue et améliorée dans la disposition des matières, par Mgr POSTEL. Dix-huit volumes grand in-8°. Prix net. . . .   108 »

**Élévations au Cœur de Jésus,** par le R. P. Doyotte, de la Compagnie de Jésus. Cinquième édition. Un volume in-32.   1 75

**Histoire anecdotique illustrée de la Guerre de 1870-71,** du Siège de Paris et de la Commune. par lé vicomte de la Vausserie. Un volume in-4° orné de 110 gravures. . . . . .   7 »

**Journal d'un Aumônier militaire** pendant la campagne de l'armée de la Loire, par M. l'abbé de Beuvron, premier aumônier du Val-de-Grâce. Un volume in-12. . . . . . . . . . . . . .   1 »

**Manières de voir de Nicolas Tranquille au sujet de la Religion (les).** In-32. . . . . . . . . . . . . . . . . . . . . .   » 50

**Martyrs de Picpus (les),** par le P. Perdereau. Quatrième édition. Un volume in-12. . . . . . . . . . . . . . . . . . . . . . . . .   3 »

**Mémoires du P. de Bengy,** S. J. Un volume in-12. . . . . .   1 75

**Moines et Prêtres,** par Philarète Stans. Quatrième édition. Un volume in-12. . . . . . . . . . . . . . . . . . . . . . . . .   2 »

**La Médaille miraculeuse,** son origine, son histoire, précédée de la *Biographie de la Sœur Catherine Labouré,* par M. Aladel. Édition populaire. . . . . . . . . . . . . . . . . . . . . . . .   » 50

**Mystères du Rosaire.** . . . . . . . . . . . . . . . . . . . . .   » 10

**Neuilly sous la Commune,** détails curieux et dramatiques recueillis par les prêtres de Sainte-Croix, témoins oculaires. Un vol. in-12.   1 25

**Notre-Dame de Pontmain,** par Mgr Postel. Deuxième édition. Un fort volume in-12. . . . . . . . . . . . . . . . . . . . . . .   3 50

## AVIS IMPORTANT

*La maison se charge de procurer* AUX PARTICULIERS, DE SUITE, *et au* MÊME PRIX QUE L'ÉDITEUR, *tous les ouvrages qu'on veut bien lui demander soit pour Paris, soit pour la Province.*

F. AUREAU — IMP. DE LAGNY